다락원 일본어 마스터 2

일본어 마스터를 위한 나침반

워크북

1 どこに ありますか

1 다음 단어를 일본어로 써 봅시다.

① 오른쪽
→ _____

② 왼쪽
→ _____

③ 교실
→ _____

④ 사무실
→ _____

⑤ 계단
→ _____

⑥ 한국인
→ _____

⑦ 유학생
→ _____

⑧ 소파
→ _____

2 다음 일본어 단어를 뜻을 생각하면서 히라가나로 써 봅시다.

① 駅
→ _____

② 外
→ _____

③ 二人
→ _____

④ 兄弟
→ _____

⑤ 銀行
→ _____

⑥ ３階
→ _____

⑦ 地下
→ _____

⑧ 携帯電話
→ _____

3 「〜に います」를 넣어서 질문에 대답해 봅시다.

> Q 今、どこに いますか。(교실)
> A 今、教室に います。

① Q 今、どこに いますか。(회의실)
　 A 今、_____。

② Q 今、どこに いますか。(백화점)
　 A 今、_____。

③ Q ケビンさんは 今、どこに いますか。(도서관)
　 A ケビンさんは 今、_____。

④ Q 渡辺さんは 今、どこに いますか。(복사실)
　 A 渡辺さんは 今、_____。

4 「〜に あります」를 넣어서 질문에 대답해 봅시다.

> Q あなたの かばんは、どこに ありますか。(책상 위)
> A 机の 上に あります。

① Q あなたの ノートは、どこに ありますか。(가방 안)
　 A _____

② Q ケビンさんの 財布は、どこに ありますか。(책 왼쪽)
　 A _____

③ Q 駅は、どこに ありますか。(은행 앞)
　 A _____

④ Q テニスコートは、どこに ありますか。(큰 백화점 뒤)
　 A _____

2 授業を 始めます
じゅぎょう　はじ

1 다음 단어를 일본어로 써 봅시다.

① 질문
→ _____

② 설명
→ _____

③ 공부
→ _____

④ 교과서
→ _____

⑤ 전철
→ _____

⑥ 출발
→ _____

⑦ 도착
→ _____

⑧ 먼저, 우선
→ _____

2 다음 일본어 단어를 뜻을 생각하면서 히라가나로 써 봅시다.

① 使う
→ _____

② 寝る
→ _____

③ 呼ぶ
→ _____

④ 泳ぐ
→ _____

⑤ 昼食
→ _____

⑥ 自己紹介
→ _____

⑦ 大丈夫だ
→ _____

⑧ 次
→ _____

3 「～ます」를 넣어서 질문에 대답해 봅시다.

> **Q** いつ 始まりますか。(9시)
> **A** 9時に 始まります。

① **Q** いつ 会いますか。(3시)
   A _____

② **Q** いつ 食べますか。(12시)
   A _____

③ **Q** いつ 終わりますか。(5시 반)
   A _____

④ **Q** いつ 到着しますか。(오전 11시)
   A _____

4 「～ません」을 넣어서 질문에 대답해 봅시다.

> **Q** プリントを 使いますか。(사용하다)
> **A** いいえ、使いません。

① **Q** 泳ぎますか。(헤엄치다)
   A いいえ、_____

② **Q** ケビンさんを 呼びますか。(부르다)
   A いいえ、_____

③ **Q** 明日、映画を 見ますか。(보다)
   A いいえ、_____

④ **Q** 明日、日本語の 勉強を しますか。(하다)
   A いいえ、_____

3 一緒に 行きませんか

1 다음 단어를 일본어로 써 봅시다.

① 얼굴
→ _____

② 책방, 서점
→ _____

③ 식사
→ _____

④ 비행기
→ _____

⑤ 이번 주
→ _____

⑥ 함께, 같이
→ _____

⑦ 가다
→ _____

⑧ 노래방
→ _____

2 다음 일본어 단어를 뜻을 생각하면서 히라가나로 써 봅시다.

① 空港
→ _____

② 用事
→ _____

③ ご飯
→ _____

④ 散歩
→ _____

⑤ 撮る
→ _____

⑥ 乗る
→ _____

⑦ 踊る
→ _____

⑧ 間違える
→ _____

3 「〜に」와「〜で」를 넣어서 질문에 대답해 봅시다.

> **Q** いつ、どこで シャワーを しますか。(운동 후, 피트니스 센터)
> **A** 運動の 後に、ジムで シャワーを します。

① **Q** いつ、どこで 会いますか。(쇼핑 전, 영화관)
　A _____

② **Q** いつ、どこで お昼を 食べますか。(수업 후, 교실)
　A _____

③ **Q** いつ、どこで コーヒーを 飲みますか。(점심식사 후, 기숙사 앞의 카페)
　A _____

④ **Q** いつ、どこで 待ちますか。(공연 전, 은행 앞)
　A _____

4 「〜ましょう」를 넣어서 질문에 대답해 봅시다.

> **Q** 一緒に 写真を 撮りませんか。(찍다)
> **A** いいですね、撮りましょう。

① **Q** 一緒に 帰りませんか。(돌아가다)
　A いいですね、_____

② **Q** 一緒に カラオケで 歌いませんか。(노래하다)
　A いいですね、_____

③ **Q** 一緒に 日本に 行きませんか。(가다)
　A いいですね、_____

④ **Q** 一緒に 公園を 散歩しませんか。(산책하다)
　A いいですね、_____

4 どこへも 行きませんでした

1 다음 단어를 일본어로 써 봅시다.

① 익숙해지다, 적응하다
→ _____

② 사다, 구입하다
→ _____

③ 밤
→ _____

④ 유감이다, 아쉽다
→ _____

⑤ 시합
→ _____

⑥ 여유
→ _____

⑦ 마침, 딱
→ _____

⑧ 동아리
→ _____

2 다음 일본어 단어를 뜻을 생각하면서 히라가나로 써 봅시다.

① 久しぶり
→ _____

② お店
→ _____

③ 双子
→ _____

④ 週末
→ _____

⑤ 大雨
→ _____

⑥ 朝
→ _____

⑦ 単語
→ _____

⑧ 飲み会
→ _____

3 「〜ました」를 넣어서 질문에 대답해 봅시다.

> Q 月曜日は 何を しましたか。(서점에 가다)
> A 本屋に 行きました。

① Q 火曜日は 何を しましたか。(쇼핑하러 가다)
　 A _____

② Q 木曜日は 何を しましたか。(친구와 놀다)
　 A _____

③ Q 金曜日は 何を しましたか。(피트니스 센터에서 운동하다)
　 A _____

④ Q 土曜日は 何を しましたか。(공원에서 보트를 타다)
　 A _____

4 「의문사 + か」를 사용한 질문에 「의문사 + も」를 넣어서 대답해 봅시다.

> Q 何か 見ましたか。(보다)
> A いいえ、何も 見ませんでした。

① Q 何か 歌いましたか。(노래하다)
　 A いいえ、_____

② Q 何か 買いましたか。(사다)
　 A いいえ、_____

③ Q 何か 飲みましたか。(마시다)
　 A いいえ、_____

④ Q どこか 行きましたか。(가다)
　 A いいえ、_____

5 友だちと 映画を 見に 行きます

1 다음 단어를 일본어로 써 봅시다.

① 바다
→ _____

② 장래
→ _____

③ 해외
→ _____

④ 우주
→ _____

⑤ 살다, 거주하다
→ _____

⑥ 일하다, 근무하다
→ _____

⑦ 느긋이, 푹
→ _____

⑧ 골든위크, 황금연휴
→ _____

2 다음 일본어 단어를 뜻을 생각하면서 히라가나로 써 봅시다.

① 船
→ _____

② 母
→ _____

③ 今度
→ _____

④ 焼き肉
→ _____

⑤ 牛丼
→ _____

⑥ 付き合い
→ _____

⑦ 入る
→ _____

⑧ 迎える
→ _____

3 「〜に 行きます」를 넣어서 질문에 대답해 봅시다.

> **Q** 何を しに 行きますか。(술을 마시다)
> **A** お酒を 飲みに 行きます。

① **Q** 何を しに 行きますか。(전자사전을 사다)
  A _____

② **Q** 何を しに 行きますか。(새리 씨를 마중하다)
  A _____

③ **Q** 何を しに 行きますか。(보트를 타다)
  A _____

④ **Q** 何を しに 行きますか。(와타나베 씨를 만나다)
  A _____

4 「〜たいです」를 넣어서 질문에 대답해 봅시다.

> **Q** 何が したいですか。(바다를 보다)
> **A** 海が 見たいです。

① **Q** 何が したいですか。(교토에 가다)
  A _____

② **Q** 何が したいですか。(차가운 커피를 마시다)
  A _____

③ **Q** 何が したいですか。(백화점에서 쇼핑을 하다)
  A _____

④ **Q** 何が したいですか。(맛있는 소고기 덮밥을 먹다)
  A _____

6 何か プレゼントを あげましたか

1 다음 단어를 일본어로 써 봅시다.

① 매년, 매해
→ _____

② 부모님
→ _____

③ 감사
→ _____

④ 직접
→ _____

⑤ 연락
→ _____

⑥ 꽃다발
→ _____

⑦ 곰인형
→ _____

⑧ 목걸이
→ _____

2 다음 일본어 단어를 뜻을 생각하면서 히라가나로 써 봅시다.

① 彼女
→ _____

② 本人
→ _____

③ 父
→ _____

④ 話
→ _____

⑤ 手紙
→ _____

⑥ 留守
→ _____

⑦ 実は
→ _____

⑧ 残す
→ _____

3 「~を あげました」를 넣어서 말해 봅시다.

> 私 → 母 (지갑)
> (私は) 母に 財布を あげました。

① 私 → 弟 (영화 티켓)
→ _____

② 私 → 友だち (곰인형)
→ _____

③ 私 → 彼氏 (비싼 향수)
→ _____

④ 私 → ヘリさん (화장품과 편지)
→ _____

4 「~を もらいました」를 넣어서 말해 봅시다.

> 兄 → 私 (전자사전)
> (私は) 兄から 電子辞書を もらいました。

① 妹 → 私 (액세서리)
→ _____

② 父 → 私 (큰 꽃다발)
→ _____

③ 彼女 → 私 (감사 편지)
→ _____

④ セリさん → 私 (빨간 목걸이)
→ _____

7 はがきの 書き方を 教えて ください

1 다음 단어를 일본어로 써 봅시다.

① 돌다, 꺾다
→ _____

② 나아가다, 전진하다
→ _____

③ 쓰는 법
→ _____

④ 가로 쓰기
→ _____

⑤ 번호
→ _____

⑥ 접수
→ _____

⑦ 우편
→ _____

⑧ 주소
→ _____

2 다음 일본어 단어를 뜻을 생각하면서 히라가나로 써 봅시다.

① 縦書き
→ _____

② 看板
→ _____

③ 救急車
→ _____

④ 交差点
→ _____

⑤ 道
→ _____

⑥ 畑
→ _____

⑦ 歯医者
→ _____

⑧ 納豆
→ _____

3 「～て ください」를 넣어서 말해 봅시다.

> 英語で 話して ください。(이야기하다)

① たくさん ＿＿＿＿＿＿＿＿＿＿＿＿＿＿＿＿。(공부하다)

② この 本を ＿＿＿＿＿＿＿＿＿＿＿＿＿＿＿＿。(읽다)

③ この 携帯電話を ＿＿＿＿＿＿＿＿＿＿＿＿。(사용하다)

④ 10時までに、この 会社に ＿＿＿＿＿＿＿＿。(가다)

4 「동사의 ます형 + ～方」를 넣어서 말해 봅시다.

> すみません、手紙の 送り方を 教えて ください。(보내다)

① すみません、＿＿＿＿＿＿＿＿＿＿＿＿＿ を 教えて ください。(헤엄치다)

② すみません、この 料理の ＿＿＿＿＿＿＿＿ を 教えて ください。(먹다)

③ すみません、この 電子辞書の ＿＿＿＿＿＿ を 教えて ください。(사용하다)

④ すみません、この 大学の 図書館の ＿＿＿＿ を 教えて ください。(가다)

8 今 何を して いますか
<small>いま なに</small>

1 다음 단어를 일본어로 써 봅시다.

① 모이다
→ _____

② 버리다
→ _____

③ 고기
→ _____

④ 특히, 특별히
→ _____

⑤ 최근, 요즘
→ _____

⑥ 관심
→ _____

⑦ 웃는 얼굴
→ _____

⑧ 준비
→ _____

2 다음 일본어 단어를 뜻을 생각하면서 히라가나로 써 봅시다.

① 掃除する
→ _____

② 運転する
→ _____

③ 払う
→ _____

④ 振り込む
→ _____

⑤ 遅れる
→ _____

⑥ 遅い
→ _____

⑦ 天気予報
→ _____

⑧ 交通事故
→ _____

3 「〜て」를 넣어서 말해 봅시다.

> 道で 事故が あって、遅れました。(있다)

① 宿題が _____、少し ひまです。(끝나다)

② 朝から _____、疲れました。(일하다)

③ 空港から 家まで _____、とても 疲れました。(운전하다)

④ 彼氏に 高い プレゼントを _____、お金が あまり ありません。(주다)

4 「〜て います」를 넣어서 질문에 대답해 봅시다.

> Q 今、何を して いますか。(세탁하다)
> A 洗濯して います。

① Q 今、何を して いますか。(먹다)
   A おにぎりを _____。

② Q 今、何を して いますか。(공부하다)
   A 部屋で _____。

③ Q 今、何を して いますか。(읽다)
   A 英語の 本を _____。

④ Q 今、何を して いますか。(쓰다)
   A 友だちに 手紙を _____。

9 窓が 閉まって いますね

1 다음 단어를 일본어로 써 봅시다.

① 빠지다
→ _____

② 닫다
→ _____

③ 열다
→ _____

④ 약속
→ _____

⑤ 계절, 철
→ _____

⑥ 서류
→ _____

⑦ 환기
→ _____

⑧ 창, 창문
→ _____

2 다음 일본어 단어를 뜻을 생각하면서 히라가나로 써 봅시다.

① 消える
→ _____

② 消す
→ _____

③ 熱い
→ _____

④ 蒸し暑い
→ _____

⑤ 騒音
→ _____

⑥ 靴
→ _____

⑦ 風邪
→ _____

⑧ 梅雨
→ _____

3 「～て いる」를 넣어서 말해 봅시다.

> かばんから 書類が 出て いますよ。(나오다)

① もう 火は _____ いますか。(꺼지다)

② テレビが _____ いますね。消して ください。(켜지다)

③ ドアの かぎが _____ いませんよ。(걸리다)

④ 飛行機の 出発が _____ いて、空港で 待って います。(늦어지다)

4 「～ので」를 넣어서 말해 봅시다.

> 寒かったので、窓を 閉めました。(춥다)

① _____、クーラーを つけました。　(무덥다)

② _____、人が 多かったです。　(황금연휴)

③ 昨日は 試験が _____、たくさん 勉強しました。(있다)

④ チケットを _____、映画を 見に 行きました。(받다)

10 じゃあ、教えて あげます！

1 다음 단어를 일본어로 써 봅시다.

① 알다, 이해하다
→ _____

② 생각하다
→ _____

③ 빌려주다
→ _____

④ 알다
→ _____

⑤ 답, 정답
→ _____

⑥ 자료
→ _____

⑦ 작문
→ _____

⑧ 이달 말
→ _____

2 다음 일본어 단어를 뜻을 생각하면서 히라가나로 써 봅시다.

① 頑張る
→ _____

② 申し込む
→ _____

③ 教える
→ _____

④ 方法
→ _____

⑤ 全部
→ _____

⑥ 就職
→ _____

⑦ 説明会
→ _____

⑧ 代わり
→ _____

3 「〜て もらう」を 넣어서 말해 봅시다.

> 友だちに コーヒーを 買って もらいました。(사다)

① いつも、母に 部屋を _____ ます。(청소하다)

② 兄に 宿題を _____ ました。(돕다)

③ 教科書が なかったので、セリさんに _____ ました。(보여주다)

④ この 料理は 好きじゃないので、友だちに _____ ました。(먹다)

4 「〜て くれませんか」를 넣어서 말해 봅시다.

> 寒いので、ドアを 閉めて くれませんか。(닫다)

① 駅まで _____。(데려다 주다)

② タクシーを _____。(부르다)

③ この 問題の 答えを _____。(가르치다)

④ 毎日、この 時間に _____。(오다)

11 テニスを した ことが ありますか

1 다음 단어를 일본어로 써 봅시다.

① 축제
→ _____

② 기모노
→ _____

③ 의외로
→ _____

④ 합숙
→ _____

⑤ 참가, 참석
→ _____

⑥ 공통점
→ _____

⑦ 말, 단어
→ _____

⑧ 여름방학
→ _____

2 다음 일본어 단어를 뜻을 생각하면서 히라가나로 써 봅시다.

① 卓球
→ _____

② 勝つ
→ _____

③ 習う
→ _____

④ 油
→ _____

⑤ 美術館
→ _____

⑥ 旅館
→ _____

⑦ 神社
→ _____

⑧ 和菓子
→ _____

3 「〜た ことが ありますか」를 넣어서 말해 봅시다.

> あの 山に 登った ことが ありますか。(오르다)

① ケーキを _____。(만들다)

② カフェで _____。(일하다)

③ 茶道を _____。(배우다)

④ 日本の 美術館に _____。(가다)

4 「〜たり、〜たり しました」를 넣어서 질문에 대답해 봅시다.

> Q 昨日は 何を しましたか。(청소하다, 세탁하다)
> A 掃除したり、洗濯したり しました。

① Q 昨日は 何を しましたか。(헤엄치다, 테니스를 치다)
   A _____、_____ しました。

② Q 昨日は 何を しましたか。(쇼핑을 하다, 술을 마시다)
   A _____、_____ しました。

③ Q 昨日は 何を しましたか。(책을 읽다, 드라마를 보다)
   A _____、_____ しました。

④ Q 昨日は 何を しましたか。(카페에 가다, 친구와 이야기하다)
   A _____、_____ しました。

12 お風呂に 入っても いいですか

1 다음 단어를 일본어로 써 봅시다.

① 들이마시다, (담배를) 피우다
→ _____

② 가볍다
→ _____

③ 문법
→ _____

④ 내용
→ _____

⑤ 상태
→ _____

⑥ 약국
→ _____

⑦ 처방
→ _____

⑧ 발목
→ _____

2 다음 일본어 단어를 뜻을 생각하면서 히라가나로 써 봅시다.

① 友人
→

② 石油
→

③ 弾く
→

④ 飼う
→

⑤ 病室
→

⑥ 牛乳
→

⑦ 廊下
→

⑧ 鉛筆
→

3 「～ても いいですか」를 넣어서 말해 봅시다.

> テレビを 見ても いいですか。(보다)

① もう _____。(먹다)

② この 野菜を _____。(자르다)

③ あそこで _____。(헤엄치다)

④ バスの 中で _____。(전화하다)

4 「～て おきました」를 넣어서 말해 봅시다.

> 映画の チケットを 予約して おきました。(예약하다)

① 昼食を _____。(만들다)

② 昨日、手紙を 書いて _____。(보내다)

③ 会議の 前に、資料を _____。(준비하다)

④ 来週は 友だちの 誕生日なので、プレゼントを _____
_____。(사다)

워크북 정답

1 どこに ありますか

1. ① 右
   ② 左
   ③ 教室
   ④ 事務室
   ⑤ 階段
   ⑥ 韓国人
   ⑦ 留学生
   ⑧ ソファー

2. ① えき
   ② そと
   ③ ふたり
   ④ きょうだい
   ⑤ ぎんこう
   ⑥ さんがい
   ⑦ ちか
   ⑧ けいたいでんわ

3. ① 今、会議室に います。
   ② 今、デパートに います。
   ③ ケビンさんは 今、図書館に います。
   ④ 渡辺さんは 今、コピー室に います。

4. ① かばんの 中に あります。
   ② 本の 左に あります。
   ③ 銀行の 前に あります。
   ④ 大きな デパートの 後ろに あります。

2 授業を 始めます

1. ① 質問
   ② 説明
   ③ 勉強
   ④ 教科書
   ⑤ 電車
   ⑥ 出発
   ⑦ 到着
   ⑧ まず

2. ① つかう
   ② ねる
   ③ よぶ
   ④ およぐ
   ⑤ ちゅうしょく
   ⑥ じこしょうかい
   ⑦ だいじょうぶだ
   ⑧ つぎ

3. ① ３時に 会います。
   ② １２時に 食べます。
   ③ ５時半に 終わります。
   ④ 午前 １１時に 到着します。

4. ① いいえ、泳ぎません。
   ② いいえ、呼びません。
   ③ いいえ、見ません。
   ④ いいえ、しません。

3 一緒に 行きませんか

1. ① 顔
   ② 本屋
   ③ 食事
   ④ 飛行機
   ⑤ 今週
   ⑥ 一緒に
   ⑦ 行く
   ⑧ カラオケ

2. ① くうこう
   ② ようじ
   ③ ごはん
   ④ さんぽ
   ⑤ とる
   ⑥ のる
   ⑦ おどる
   ⑧ まちがえる

3. ① 買い物の 前に、映画館で 会います。
   ② 授業の 後に、教室で お昼を 食べます。
   ③ お昼の 後に、宿舎の 前の カフェで コーヒーを 飲みます。
   ④ コンサートの 前に、銀行の 前で 待ちます。

4. ① いいですね、帰りましょう。
   ② いいですね、歌いましょう。
   ③ いいですね、行きましょう。
   ④ いいですね、散歩しましょう。

4 どこへも 行きませんでした

1. ① 慣れる
   ② 買う
   ③ 夜
   ④ 残念だ
   ⑤ 試合
   ⑥ 余裕
   ⑦ ちょうど
   ⑧ サークル

2. ① ひさしぶり
   ② おみせ
   ③ ふたご
   ④ しゅうまつ
   ⑤ おおあめ
   ⑥ あさ
   ⑦ たんご
   ⑧ のみかい

3. ① 買い物に 行きました。
   ② 友だちと 遊びました。
   ③ ジムで 運動しました。
   ④ 公園で ボートに 乗りました。

4. ① いいえ、何も 歌いませんでした。
   ② いいえ、何も 買いませんでした。
   ③ いいえ、何も 飲みませんでした。
   ④ いいえ、どこへも 行きませんでした。

5 友だちと 映画を 見に 行きます

1. ① 海
   ② 将来
   ③ 海外
   ④ 宇宙
   ⑤ 住む
   ⑥ 働く
   ⑦ ゆっくり
   ⑧ ゴールデンウィーク

2. ① ふね
   ② はは
   ③ こんど
   ④ やきにく
   ⑤ ぎゅうどん
   ⑥ つきあい
   ⑦ はいる
   ⑧ むかえる

3. ① 電子辞書を 買いに 行きます。
   ② セリさんを 迎えに 行きます。
   ③ ボートに 乗りに 行きます。
   ④ 渡辺さんに 会いに 行きます。

4. ① 京都に 行きたいです。
   ② 冷たい コーヒーが 飲みたいです。
   ③ デパートで 買い物が したいです。
   ④ おいしい 牛丼が 食べたいです。

6 何か プレゼントを あげましたか

1. ① 毎年
   ② 両親
   ③ 感謝
   ④ 直接
   ⑤ 連絡
   ⑥ 花束
   ⑦ くまのぬいぐるみ
   ⑧ ネックレス

2. ① かのじょ
   ② ほんにん
   ③ ちち
   ④ はなし
   ⑤ てがみ
   ⑥ るす
   ⑦ じつは
   ⑧ のこす

3. ① (私は) 弟に 映画の チケットを あげました。
   ② (私は) 友だちに くまのぬいぐるみを あげました。
   ③ (私は) 彼氏に 高い 香水を あげました。
   ④ (私は) ヘリさんに 化粧品と 手紙を あげました。

4. ① (私は) 妹から アクセサリーを もらいました。

②(私は) 父から 大きな 花束を もらいました。
③(私は) 彼女から 感謝の 手紙を もらいました。
④(私は) セリさんから 赤い ネックレスを もらいました。

7 はがきの 書き方を 教えて ください

1. ① 曲がる
   ② 進む
   ③ 書き方
   ④ 横書き
   ⑤ 番号
   ⑥ 受付
   ⑦ 郵便
   ⑧ 住所

2. ① たてがき
   ② かんばん
   ③ きゅうきゅうしゃ
   ④ こうさてん
   ⑤ みち
   ⑥ はたけ
   ⑦ はいしゃ
   ⑧ なっとう

3. ① たくさん 勉強して ください。
   ② この 本を 読んで ください。
   ③ この 携帯電話を 使って ください。

④ 10時までに、この 会社に 行って ください。

4. ① すみません、泳ぎ方を 教えて ください。
   ② すみません、この 料理の 食べ方を 教えて ください。
   ③ すみません、この 電子辞書の 使い方を 教えて ください。
   ④ すみません、この 大学の 図書館の 行き方を 教えて ください。

8 今 何を して いますか

1. ① 集まる
   ② 捨てる
   ③ お肉
   ④ 特に
   ⑤ 最近
   ⑥ 関心
   ⑦ 笑顔
   ⑧ 準備

2. ① そうじする
   ② うんてんする
   ③ はらう
   ④ ふりこむ
   ⑤ おくれる
   ⑥ おそい
   ⑦ てんきよほう
   ⑧ こうつうじこ

3. ① 宿題が 終わって、少し ひまです。
   ② 朝から 働いて、疲れました。
   ③ 空港から 家まで 運転して、とても 疲れました。
   ④ 彼氏に 高い プレゼントを あげて、お金が あまり ありません。

4. ① おにぎりを 食べて います。
   ② 部屋で 勉強して います。
   ③ 英語の 本を 読んで います。
   ④ 友だちに 手紙を 書いて います。

9 窓が 閉まって いますね

1. ① 抜ける
   ② 閉める
   ③ 開ける
   ④ 約束
   ⑤ 季節
   ⑥ 書類
   ⑦ 換気
   ⑧ 窓

2. ① きえる
   ② けす
   ③ あつい
   ④ むしあつい
   ⑤ そうおん
   ⑥ くつ
   ⑦ かぜ
   ⑧ つゆ

3. ① もう 火は 消えて いますか。
   ② テレビが つけて いますね。消して ください。
   ③ ドアの かぎが かかって いませんよ。
   ④ 飛行機の 出発が 遅れて いて、空港で 待って います。

4. ① 蒸し暑かったので、クーラーを つけました。
   ② ゴールデンウィークなので、人が 多かったです。
   ③ 昨日は 試験が あったので、たくさん 勉強しました。
   ④ チケットを もらったので、映画を 見に 行きました。

10 じゃあ、教えて あげます!

1. ① 分かる
   ② 考える
   ③ 貸す
   ④ 知る
   ⑤ 答え
   ⑥ 資料
   ⑦ 作文
   ⑧ 今月末

2. ① がんばる
   ② もうしこむ
   ③ おしえる

④ ほうほう
⑤ ぜんぶ
⑥ しゅうしょく
⑦ せつめいかい
⑧ かわり

3. ① いつも、母に 部屋を 掃除して もらいます。
② 兄に 宿題を 手伝って もらいました。
③ 教科書が なかったので、セリさんに みせて もらいました。
④ この 料理は 好きじゃないので、友だちに 食べて もらいました。

4. ① 駅まで 送って くれませんか。
② タクシーを 呼んで くれませんか。
③ この 問題の 答えを 教えて くれませんか。
④ 毎日、この 時間に 来て くれませんか。

11 テニスを した ことが ありますか

1. ① お祭り
② 着物
③ 意外と
④ 合宿
⑤ 参加
⑥ 共通点
⑦ 言葉
⑧ 夏休み

2. ① たっきゅう
② かつ
③ ならう
④ あぶら
⑤ びじゅつかん
⑥ りょかん
⑦ じんじゃ
⑧ わがし

3. ① ケーキを 作った ことが ありますか。
② カフェで 働いた ことが ありますか。
③ 茶道を 習った ことが ありますか。
④ 日本の 美術館に 行った ことが ありますか。

4. ① 泳いだり、テニスを したり しました。
② 買い物を したり、お酒を 飲んだり しました。
③ 本を 読んだり、ドラマを 見たり しました。
④ カフェに 行ったり、友だちと 話したり しました。

12 お風呂に 入っても いいですか

1. ① 吸う
   ② 軽い
   ③ 文法
   ④ 内容
   ⑤ 様子
   ⑥ 薬局
   ⑦ 処方
   ⑧ 足首

2. ① ゆうじん
   ② せきゆ
   ③ ひく
   ④ かう
   ⑤ びょうしつ
   ⑥ ぎゅうにゅう
   ⑦ ろうか
   ⑧ えんぴつ

3. ① もう 食べても いいですか。
   ② この 野菜を 切っても いいですか。
   ③ あそこで 泳いでも いいですか。
   ④ バスの 中で 電話しても いいですか。

4. ① 昼食を 作って おきました。
   ② 昨日、手紙を 書いて 送って おきました。
   ③ 会議の 前に、資料を 準備して おきました。
   ④ 来週は 友だちの 誕生日なので、プレゼントを 買って おきました。